Pílulas de fé e sabedoria

Padre Marcelo Rossi

Pílulas de fé e sabedoria

Planeta

Preparação: Wélida Muniz
Revisão: Matheus de Sá
Projeto gráfico e diagramação: Gisele Baptista de Oliveira
Capa: Fabio Oliveira
Imagem de capa: Antoon Derkinderen/Rijksmuseum
Ilustrações: Val_Iva/Shutterstock.com, DragonTiger/iStock

DADOS INTERNACIONAIS DE CATALOGAÇÃO NA PUBLICAÇÃO (CIP)
ANGÉLICA ILACQUA CRB-8/7057

Rossi, Marcelo
Pílulas de fé e sabedoria / Marcelo Rossi. - São Paulo : Planeta do Brasil, 2025.
128 p.

ISBN: 978-85-422-3738-2

1. Mensagens 2. Bíblia – Meditações 3. Literatura devocional I. Título

25-3061 CDD 242.5

Índice para catálogo sistemático:
1. Mensagens - Bíblia

MISTO
Papel | Apoiando o manejo florestal responsável
FSC® C112738

Ao escolher este livro, você está apoiando o manejo responsável das florestas do mundo

2026

EDITORA PLANETA DO BRASIL LTDA.
Av. Paulista, 854, 2º andar – Bela Vista
São Paulo – SP – CEP 01310-913
www.planetadelivros.com.br
faleconosco@editoraplaneta.com.br

Neste pequeno livro, *Pílulas de fé e sabedoria*, queria compartilhar com você versículos que, ao longo dos anos em minhas leituras da Bíblia, foram me tocando e que eu fui destacando. Este livro pode te ajudar em muitos momentos em que você precisar recordar da Palavra de Deus. Ainda, eu o convido a separar um tempo para mergulhar nas Escrituras, pois este livro não quer ser um substituto do livro mais importante para a nossa vida: As Sagradas Escrituras. Receba a minha benção sacerdotal. Em nome do Pai, do Filho e do Espírito Santo. Amém.

Padre Marcelo Rossi

Quando leio o **Salmo 118,25**, e minha alma está cheia de tristeza, eu rezo e elevo meu pensamento a Deus com um simples: Eu te amo, Jesus. E Deus me preenche de alegria e força, como está em sua palavra.

No momento em que percebo o desânimo batendo em minha mente, leio **Josué 1,6-9**, e Deus fala para que eu seja forte e corajoso, que eu não me desanime e não tenha medo, porque Ele estará comigo aonde eu for. Então sinto minhas forças voltarem.

Quando vêm dúvidas em meu coração, e diferentes opiniões do que devo fazer ou seguir, eu me lembro de **Deuteronômio 27,10**, em que Deus diz para obedecermos ao Senhor e seguir seus mandamentos. Regra de vida: antes obedecer a Deus do que aos homens.

Há momentos de escuridão em minha vida, nos quais eu não sei de onde virá a minha ajuda, então leio o **Salmo 120**, e vejo que meu socorro vem do Senhor, criador do céu e da terra. Ele me protege de todo o mal. Como este salmo, me pacifica e me renova as forças.

Às vezes, me pergunto: onde colocarei as minhas esperanças? Quero algo que não mude, pois vemos que há pessoas que mudam facilmente de opinião, de acordo com o que será mais favorável a elas. Preciso pôr minha esperança em algo eterno. Então lembro que o rei Davi escreveu, no **Salmo 129**, que ele espera no Senhor e coloca a sua esperança na Palavra de Deus, porque esta nunca passará. Então vejo que existe uma verdade absoluta, uma verdade eterna e que não muda, que é Jesus.

Quando me sinto sozinho, ou a sensação é de que ninguém cuida de mim, leio o **Salmo 138**, e vejo que Deus me cerca pela frente e por trás, Ele cuida de mim, não sou invisível. Ele, o meu criador, cuida de cada detalhe de minha vida. Eu não sou um qualquer, eu sou filho(a) de Deus.

Quando estou inquieto, com fome de algo, sem saber bem o que quero, leio **Mateus 4,4**, e vejo que a Palavra de Deus mata a nossa fome, porque é alimento poderoso.

No momento em que me sinto colocado de lado, leio **João 15,16**. E vejo Deus me falando que eu fui escolhido, amado, eu tenho significado e valor para Ele.

Certos dias, as preocupações e as ansiedades vêm me angustiar, e leio **Filipenses 4,6**. Então vejo que Deus nos alerta para confiar Nele e não nos preocupar, porque a paz dele nos invade sempre.

Quando pensamentos vierem à minha mente e me fizerem pensar muito, devo lembrar de **Eclesiástico 3,22**, que nos diz que não devemos penetrar o que está muito acima de nós, mas pensar no que Deus já nos ordenou.

Há momentos em que estamos à procura de alguém para nos instruir e nos guiar, mas devemos lembrar do versículo em **Sabedoria 6,25**, em que Deus diz: “Deixai-vos, pois, instruir por minhas palavras, e nelas encontrareis grande proveito”. A Palavra de Deus é que tem que nos guiar.

Quando coisas injustas acontecerem conosco, devemos lembrar da vida de Jó. Depois de ele ter sofrido e perdido tudo, Deus o recompensou. O mal vinha do inimigo que o quis provar, e não de Deus. Por isso, aguente firme, leia **Jó 42**, e veja como Deus deu o dobro do que Jó tinha perdido. Deus é o Deus do impossível.

Às vezes, na vida acontecem coisas que nos fazem cuidar de um filho doente, de um pai idoso, algo que nos obriga a morrer para nosso egoísmo e servir o outro. Então nos lembremos da vida de Rute, que serviu sua sogra despretensiosamente, e Deus a honrou e deu muito mais do que ela pediu. Leia o livro de **Rute** e veja como Deus trabalha nos bastidores de nossa vida.

Num mundo secularizado, muitos duvidam do poder da palavra de Deus. Se lermos **Isaías 55,10-11**, vemos que a Palavra de Deus não volta vazia, ela cumpre sua missão. Em tempos de dúvidas e receios, leia e tenha fé que o que Deus prometeu Ele vai cumprir.

Estou sendo cobrado a seguir uma moda atual. Na escola, no trabalho, todos estão seguindo esta tendência. Eu, como cristão, lembro da carta de **I São João 2,17**: "O mundo passa com as suas concupiscências, mas quem cumpre a vontade de Deus permanece eternamente". Sigo, então, a verdade eterna de Deus, e não a moda passageira do mundo

Venho enfrentando um luto prolongado, e parece que tudo perdeu o sentido para mim. Devemos ter um tempo para processar a perda, isso é saudável, mas quando passa de um período, devemos lembrar de **Baruc 5,1**, em que Deus diz: "Tira, Jerusalém, a veste de luto e de miséria; reveste, para sempre, os adornos da glória divina". Vamos nos revestir do amor de Deus e crer que Ele cuida de nós. Saudades, sim; tristeza, não.

Tenho uma ferida interior que não cura: tristeza, decepção, traumas... O que posso fazer? Sugiro que você leia **Jeremias 33,6-9**. Deus promete curar as nossas feridas, e nos proporcionar felicidade e segurança. Se Deus prometeu, Ele vai cumprir. Precisamos esperar na Palavra Dele.

Às vezes, me meto em confusões desnecessárias, o que devo fazer para evitar isso? Leia **Eclesiástico 42,1**, em que a Palavra de Deus nos ensina que não devemos repetir o que ouvimos, que não devemos nunca revelar um segredo. Assim estarás isenta de confusão. Menos é mais; falar menos e ter sabedoria para muitos momentos ficar em silêncio.

Quantos medos vêm para retirar a paz interior da nossa vida? Neste momento, lembro de **Eclesiástico 34,14-20**, em que Deus diz que protege aqueles que o temem, e que não devemos ter medo, pois o próprio Senhor é sua esperança. Devemos nos render totalmente a Deus, e esperar confiante na ajuda Dele. Ele prometeu, Ele cumpre.

Me sinto desprotegido, desamparado pelos outros, mas devo lembrar que, nas Escrituras, em **Salmos 5,13**, diz que o Senhor abençoa o justo (aquele que foi justificado por Jesus) e é um escudo protetor que cobrirá esta pessoa. Nós somos blindados pelo poder de Deus, devemos crer nisso. Não somos pessoas desprotegidas, mas blindadas pelo sangue de Jesus.

Tem momentos que parece que estou num deserto. Por que será? Então me lembro de **Oseias 2,16**: "Por isso a atrairei, a conduzirei ao deserto e lhe falarei ao coração". Quando estamos no deserto, é tempo de escutar a voz de Deus que quer falar conosco para nos guiar e nos restaurar. Abra mais a sua Bíblia... e deixe Deus falar com você.

Hoje queria tanto uma bençāo para começar o meu dia, e lembro que Deus nos deixou uma bençāo litúrgica em **Números 6,24-26**: "O Senhor te abençoe e te guarde! O Senhor te mostre a sua face e conceda-te sua graça! O Senhor volva o seu rosto para ti e te dê a paz!".
Meu dia será de bençāo.

Tenho o hábito de falar palavrões, queria mudar isso. Então me lembro da promessa de Deus em **Sofonias 3,9a**: "Então, darei aos povos lábios puros, para que invoquem todos o nome do Senhor", e creio que terei um novo hábito de hoje em diante: o de louvar a Deus.

Há momentos em que percebo que a inveja me consome, preciso mudar isso. E leio **Gálatas, 5,26**: "Não sejamos ávidos de vanglória. Nada de provocações, nada de invejas entre nós". E lembro que São Paulo já nos advertiu para não deixar a inveja fazer parte de nossa vida. Então entrego este sentimento a Jesus, e o Espírito Santo me dá força e sabedoria para mudar isso.

Eu amo a Deus, mas me sinto perdido nas escolhas que fiz. **Romanos 8,28** diz: "Aliás, sabemos que todas as coisas concorrem para o bem daqueles que amam a Deus, daqueles que são os eleitos, segundo os seus desígnios". Tudo, tudo vai concorrer para o nosso bem, é promessa de Deus para minha vida e a vida da minha família.

Amo meus pais, mas o jeito deles de pensar está ultrapassado... Meu filho, minha filha, leia **Efésios 6,2-3**: "Honra teu pai e tua mãe, para que sejas feliz e tenha longa vida sobre a terra". Quem não honra pai e mãe aqui nesta terra não será feliz nesta vida nem na próxima, porque este é um mandamento de Deus. Precisamos pedir perdão pelas vezes que não honramos nossos pais. A nossa saúde mental também está ligada a este mandamento.

Há momentos em que eu quero fazer coisas diferentes, coisas perigosas, a inquietude bate em minha mente, e quero viver na adrenalina, quero ter emoções fortes... então me lembro de **Efésios 5,15,17**: "Vigiai, pois, com cuidado sobre a vossa conduta: que ela não seja conduta de insensatos [...] não sejais imprudentes mas procurai compreender qual seja a vontade de Deus". Antes obedecer a Palavra de Deus para não me arrepender depois e não ter como escapar das consequências.

Pessoas me criticam pela minha fé, e colocam dúvidas na minha mente... Então lembro que Deus nos diz em **I Coríntios 2,9**: "É como está escrito: Coisas que os olhos não viram, nem os ouvidos ouviram, nem o coração humano imaginou, tais são os bens que Deus tem preparado para aqueles que o amam". Então sei que não serei decepcionado. O meu futuro está nas mãos de Deus.

Sou atormentado por dúvidas de fé, e lembro que um homem pediu a Jesus para curar seu filho, e Jesus respondeu em **São Marcos 9,23-24**: “ Se podes alguma coisa!... Tudo é possível ao que crê.’ Imediatamente exclamou o pai do menino: ‘Creio! Vem em socorro à minha falta de fé’”. Quando vacilamos na fé, devemos pedir a graça de Deus de nos ajudar nela.

Sofro perseguições na família, no trabalho, como manter minha sanidade mental? Em **II Timóteo 3,11b-12**, São Paulo diz: "Que perseguições tive que sofrer! E de todas me livrou o Senhor. Pois todos os que quiserem viver piedosamente, em Jesus Cristo, terão de sofrer a perseguição". Ser cristão é sofrer perseguição, porque estaremos do lado da verdade que nunca muda. Mas nosso equilíbrio vem de Deus, porque confiamos Nele e não em nossas forças. E Ele conduz a nossa vida.

Perdi um filho jovem, o que a Palavra de Deus tem a me dizer? Em **Sabedoria 4,14a** temos: "Sua alma era agradável ao Senhor, e é por isso que ele o retirou depressa do meio da perversidade". Deus não te abandonou, Deus colheu este jovem, esta criança para a eternidade, para a proteger da perversidade.

Às vezes, me sinto desesperado e rejeitado...
E recorro à Palavra de Deus.
Em **Isaías 41,9b-10a** diz:
"Tu és meu servo, eu te escolhi, e não te rejeitei, nada temas, porque estou contigo, não lances olhares desesperados, pois eu sou teu Deus, eu te fortaleço e venho em teu socorro". Deus é a nossa fortaleza. Ele cuida de nós, nos acolhe e retira nossa falta de esperança.

São tantas as coisas que tenho a resolver, e vez ou outra me sinto cansado, onde está o meu socorro? Uma palavra de Deus para você está em **Isaías 40,30-31**: "Até os adolescentes podem esgotar-se, e jovens robustos podem cambalear, mas aqueles que contam com o Senhor renovam suas forças; ele dá-lhes asas de águia. Correm sem se cansar, vão para a frente sem se fatigar". É em Deus que encontramos forças para continuar a caminhar.

Em tempos difíceis, temos que ter a certeza de que Deus nos modela. Olha o que a Palavra diz sobre isso em **Isaías 64,8**: "E, no entanto, Senhor, vós sois nosso pai, nós somos a argila da qual sois o oleiro: todos nós fomos modelados por vossas mãos". Somos barro, argila nas mãos do Criador, e Deus usa as circunstâncias e até pessoas difíceis para ir nos moldando segundo a sua vontade.

Um dia estava ocioso com meu tempo e, angustiado, abri a Palavra de Deus. Creio que, muitas vezes, Deus usa as Escrituras para falar conosco, e encontrei esta passagem de **Jeremias 36,14b-15b**: "'Toma o rolo do qual acabas de ler ao povo e vem ter conosco [...] Senta-te e lê'. Pôs-se Baruc a ler". Naquele momento, senti o Espírito Santo me pedindo para ler as Escrituras, pois, assim, essa angústia sairia. Dito e feito, sentei-me, li as escrituras por alguns minutos, e a angústia foi embora. A Palavra de Deus exorciza todos as emoções ruins de nossa vida.

O coração e a mente estão interligados. Muitas vezes precisamos ter o coração reanimado e a mente renovada. Olha a promessa de Deus em **Ezequiel 11,19-20**: "eu lhes darei um só coração e os animarei com um espírito novo: extrairei do seu corpo o coração de pedra, para substituí-lo por um coração de carne, a fim de que observem as minhas leis, guardem e pratiquem os meus mandamentos, sejam o meu povo e eu o seu Deus". Recebamos a força do Espírito Santo para nos reanimar e dar-nos vida nova.

O medo me paralisa muitas vezes, o que fazer nesta hora? Leia **Salmos 90,10-12**: “Nenhum mal te atingirá, nenhum flagelo chegará à tua tenda, porque aos seus anjos ele mandou que te guardem em todos os teus caminhos. Eles te sustentarão em suas mãos, para que não tropeces em alguma pedra”.

Como ter um futuro feliz e promissor? Nas Escrituras, **Jó 36,11** diz: "Se escutarem e obedecerem, terminarão seus dias na felicidade e seus anos em delícias". Isto é, se escutarmos a Deus e a sua Palavra, seremos verdadeiramente felizes e teremos uma eternidade de delícias.

Estou passando por necessidades, inclusive financeiras, que promessa Deus tem para mim nas Escrituras? Se você ler **Filipenses 4,19**, encontrará: "Em recompensa, o meu Deus há de prover magnificamente a todas as vossas necessidades, segundo a sua glória, em Jesus Cristo". Isto é fé, crer que nada ficará sem o Senhor suprir as nossas necessidades. Se Ele prometeu, Ele cumpre.

Estou doente, em tratamento com bons médicos, mas falta alguma coisa, qual o remédio para mim? Como pai espiritual, e médico de almas, digo, procure sempre médicos. Deus os enviou para nos ajudar, mas procure a fé também, porque as Escrituras nos dizem, em **Sabedoria 16,12**: "Não foi uma erva nem algum unguento que os curou, mas a vossa palavra que cura todas as coisas, Senhor". A Palavra de Deus cura, faça esta experiência.

Já passei por depressão e síndrome de pânico, por que Deus permitiu isso? **Salmos 70,20** diz: "Vós me fizestes passar por numerosas e amargas tribulações para, de novo, me fazer viver e dos abismos da terra novamente me tirar". Quando Deus permite que passemos por sofrimentos, é para nos tornar mais fortes, e sermos testemunhas para outros que estão sofrendo. Deus tem o poder de modificar isso, a tribulação vai passar com fé Nele.

Tenho medo de dormir e não acordar mais, o que devo fazer? Deus cuida de cada detalhe de sua vida, quando vierem estes pensamentos, leia **Salmos 3,6**: "Eu, que me tinha deitado e adormecido, levanto-me, porque o Senhor me sustenta". O Senhor vela por você enquanto dorme, não tenha medo.

Quando a dúvida bate à porta da minha mente, o que fazer? Dúvida é mente dividida, algo que o inimigo coloca em nossa mente para vacilarmos, mas **Isaías 7,4a** diz: "Tem ânimo, não temas, não vacile o teu coração". Creia, Deus te dá forças para que a dúvida que vem te abater saia, e fique a certeza: Deus é contigo.

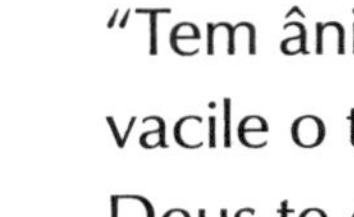

Eu temo pela salvação da minha família que ainda não pratica muito a fé, o que devo fazer? Na palavra de Deus, temos uma das promessas mais poderosas para nós e nossa família, em **Atos 16,31**: "Crê no Senhor Jesus e serás salvo, tu e tua família". Olha que promessa! Por causa da nossa fé e discipulado com Jesus, Deus promete salvar a nossa família. Continue rezando por eles, e tenha intimidade com Jesus.

No meu trabalho ou na minha escola, tenho medo de me posicionar como cristão, o que devo fazer? São Paulo nos diz, em **Gálatas 1,10**: "É, porventura, o favor dos homens que eu procuro, ou o de Deus? Por acaso tenho interesse em agradar aos homens? Se quisesse ainda agradar aos homens, não seria servo de Cristo". Temos que unicamente fazer a vontade de Deus e testemunharmos nossa fé, é isso que realmente importa nesta vida.

Sempre rezo para que eu seja fiel até o fim, e seja uma pessoa de fé verdadeira, como ter certeza de que eu vou perseverar? **Filipenses 1,6** diz: "Estou persuadido de que aquele que iniciou em vós esta obra excelente lhe dará o acabamento até o dia de Jesus Cristo". Nós só precisamos fazer a nossa parte, que é ter intimidade com Jesus, e seguir o que Ele nos pede, o resto é trabalho de Deus em nós.

Sinto que estou amarrado em traumas passados, em decepções, o que Deus pode fazer por mim? **Zacarias 8,13b** diz: "Mas vou libertar-vos e sereis uma benção". Creia, Deus vai fazer uma obra nova em sua vida. E de todos esses traumas que você tem, ele te curará, e você será uma benção para os outros.

Vez ou outra tenho tristezas, como lutar contra estes sentimentos? Em **Eclesiástico 38, 19;21** diz: "Pois a tristeza apressa a morte, tira o vigor, e o desgosto do coração faz inclinar a cabeça [...]. Não entregues teu coração à tristeza, mas afasta-a e lembra-te do teu fim". Temos que lutar para não deixar a tristeza invadir a nossa mente, e para isso a oração nos ajuda, assim como nos preencher com leituras santas, um bom filme, uma conversa boa.

Nas minhas orações, o que devo pedir para Deus? **Jeremias 3,15** diz: "Eu vos darei pastores segundo o meu coração, os quais vos apascentarão com inteligência e sabedoria". Precisamos pedir pela nossa igreja, para que Deus guie sempre o papa, bispos, padres e pessoas leigas que nos ajudam a caminhar na fé. Todos os dias, temos que rezar por essas pessoas.

Tenho percebido que ando trabalhando mais do que rezando, deixando as coisas de Deus em segundo plano, o que fazer? Em **São João 6,27**, Jesus nos diz: "Trabalhai, não pela comida que perece, mas pela que dura até a vida eterna, que o Filho do Homem vos dará. Pois Nela Deus Pai imprimiu o seu sinal". Temos que trabalhar para sustentar a nós e nossa família, mas a prioridade é Deus, porque é Dele que vem a nossa saúde e a força para trabalhar, coloque Deus em primeiro lugar em sua vida, e tudo ficará mais fácil e mais alegre.

Coloquei a minha confiança em pessoas e me decepcionei, como superar isso? Lemos em **Salmos 118,5-6; 8-9;14**: "Na tribulação invoquei o Senhor, ouviu-me o Senhor e me livrou. Comigo está o Senhor, nada temo; que mal me poderia ainda fazer um homem? [...] Mais vale procurar refúgio no Senhor do que confiar no homem. Mais vale procurar refúgio no Senhor do que confiar nos grandes da terra. [...] O Senhor é minha força, minha coragem, ele é meu salvador".

Meu cônjuge foi infiel ao nosso casamento, tenho problemas de confiar nos outros. Temos que saber que só Deus é totalmente fiel, nas Escrituras, **Salmos 144,13b** diz: "O Senhor é fiel em suas palavras, e santo em tudo o que faz". Se agarre à Palavra de Deus e confie no que Ele fala por meio dela. Você nunca vai se decepcionar. Deus é fiel, e Ele te sustenta quando você vacila.

Nada me satisfaz, já tentei várias coisas e acho tudo sem sentido. Se você ler o livro de Eclesiastes, o rei Salomão tinha tudo, experimentou tudo o que tinha, e, no final do livro, em **Eclesiastes 12,13a** diz: "Em conclusão: tudo bem entendido, teme a Deus e observa seus preceitos". Ele entendeu que não são as coisas que nos dão prazer, mas obedecer a Deus, porque um dia prestaremos contas a Ele. A vida não é somente ter tudo, mas ser alguém de Deus, alguém melhor para o outro.

Vale a pena ter fé? Tantas coisas ruins acontecem com pessoas boas e de fé? Leia **São Marcos 8,35-36**: "Porque o que quiser salvar a sua vida, irá perdê-la; mas o que perder a sua vida por amor de mim e do Evangelho, irá salvá-la. Pois que aproveitará ao homem ganhar o mundo inteiro, se vier a perder a sua vida?". Situações ruins podem acontecer conosco, mas a fé nos manterá de pé. Creia na Palavra de Deus e a viva.

Às vezes, sinto como se retirassem as minhas forças, não sei explicar o que acontece. Você precisa ler diariamente **Efésios 6,10-17**, é a armadura do cristão contra as forças infernais, que são reais e lutam contra nós. Sem a força do Alto, esmorecemos. Por isso precisamos dessa armadura diariamente para a nossa caminhada.

Uma palavra para reger nossa vida podemos ler em **Filipenses 2,14-16a**: "Fazei todas as coisas sem murmurações nem críticas, a fim de serdes irrepreensíveis e inocentes, filhos de Deus íntegros no meio de uma sociedade depravada e maliciosa, onde brilhais como luzeiros no mundo, a ostentar a palavra da vida".

Qual a Palavra de Deus para nossas relações de amizade? São Paulo nos ensina em **Colossenses 4,5-6**: "Procedei com sabedoria no trato com os de fora. Sabei aproveitar todas as circunstâncias. Que as vossas conversas sejam sempre amáveis, temperadas com sal, e sabei responder a cada um devidamente". Devemos tratar os outros como gostaríamos de ser tratados: com amor e consideração.

Tenho dificuldade no convívio com a minha família, o que devo fazer? Uma palavra de Deus para essa tua dificuldade está em **Colossenses 3,12-13a**: "Como eleitos de Deus, santos e queridos, revesti-vos de entranhada misericórdia, de bondade, humildade, doçura, paciência. Suportai-vos uns aos outros e perdoai-vos mutuamente". Esses dois versículos nos ensinam a viver em família e em sociedade como verdadeiros cristãos.

É errado participar de roda de amigos que fazem piadas de diversos tipos? São Paulo nos ensina em **Efésios 5,4-5**: "Nada de obscenidades, de conversas tolas ou levianas, porque tais coisas não convêm; em vez disso, ações de graças. Porque sabei-o bem: nenhum dissoluto, ou impuro ou avarento – verdadeiros idólatras! – terá herança no Reino de Cristo e de Deus".

Às vezes, me sinto uma morta-viva, são tantos problemas que me sinto sem forças para continuar. Leia **Ezequiel 37,5-6**: "Eis o que declara o Senhor Javé: vou fazer reentrar em vós o sopro da vida para vos fazer reviver. Porei em vós músculos, farei vir carne sobre vós, vos cobrirei de pele; depois farei entrar em vós o sopro da vida, a fim de que revivais". Essa é a promessa de Deus para você. Creia. Ele fará uma obra nova em sua vida.

Tem momentos que sinto o meu coração como uma pedra, nem me emocionar com coisas tocantes me faz chorar. Há uma promessa de Deus para você em **Ezequiel 36,26-27**: "Eu vos darei um coração novo e em vós porei um espírito novo; tirarei do vosso peito o coração de pedra e vos darei um coração de carne. Dentro de vós colocarei meu espírito, fazendo com que obedeçais às minhas leis e sigais e observeis os meus preceitos".

Para você que se sente vacilante e com o coração temeroso, **Isaías 35,3-4a** diz: "Fortificai as mãos desfalecidas, robustecei os joelhos vacilantes. Dizes àqueles que têm o coração perturbado: 'Tomai ânimo, não temais! Eis o vosso Deus!'".

Uma promessa de Deus para você que se encontra triste está em **Isaías 35,10b**: "A alegria e o gozo os possuirão; a tristeza e os queixumes fugirão". Creia nesse versículo e releia-o várias vezes até gravar em seu coração. Quando Deus promete Ele cumpre.

Para você que se encontra sendo perseguido injustamente e com muita angústia, **Salmos 43,7-8** diz: "Não foi em meu arco que pus minha confiança, nem foi minha espada que me salvou, mas fostes vós que nos livrastes de nossos inimigos e confundistes os que nos odiavam". Creia, é Deus que te livrará dos teus inimigos e te protegerá de todo o mal. Confia em Deus.

As provações que nos abatem servem de exemplo para os outros verem nossa paciência e nossa fé. Olha o que a Palavra de Deus nos ensina no livro de **Tobias 2,12-14**: "Deus permitiu que lhe acontecesse essa prova, para que a sua paciência, como a do santo homem Jó, servisse de exemplo à posteridade. Como havia sempre temido a Deus, desde a sua infância e guardado seus mandamentos, ele não se afligiu (nem murmurou) contra Deus por ter sido atingido pela cegueira. Mas perseverou firme no temor de Deus e continuou a dar-lhe graças em todos os dias de sua vida".

Sinto que meu chefe não simpatiza comigo, o que a Palavra de Deus tem a me dizer? Leia **Tobias 1,13**: "E porque ele conservava com todo o seu coração a lembrança de Deus, Deus tornou-o simpático ao rei Salmanasar". Coloque Deus em primeiro lugar na sua vida, e se for vontade Dele, Ele tocará no coração desta pessoa e ela verá você com um novo olhar. Deus muda tudo.

Quando a tristeza bater em seu coração, decore este versículo de **Neemias 8,10c**: "não haja tristeza, porque a alegria do Senhor será a vossa força", e você verá que a força proveniente de Deus, de sua Palavra, invadirá o seu coração e a sua mente. Avante!

Quando lhe vier à mente que a vida é dura, e que até na igreja tem dificuldades, relembre este versículo, em **II Samuel 24,24b**, em que o rei Davi diz: "Não oferecerei ao Senhor meu Deus holocaustos que não me tenham custado nada". Num mundo em que as pessoas querem usufruir de coisas fáceis e gratuitas, Davi nos ensina que, para Deus, as coisas que têm valor são as que vêm com suor e tem um valor.

Quando estamos passando por lutas, queremos dar o nosso jeitinho para sair destes problemas, mas muitas vezes o que temos que fazer é esperar em Deus, como nos diz **Êxodo 14, 13-14:** "Não temais! Tende ânimo e vereis a libertação que o Senhor vai operar hoje em vosso favor [...]. O Senhor combaterá por vós; quanto a vós, nada terei a fazer". Espera em Deus e confie.

Sou uma pessoa de fé, mas ando doente, e tenho medo da morte... Saiba que existe uma promessa de Deus para você em **Êxodo 23,26b**: "Completarei o número dos teus dias". Essa promessa é para aqueles que colocam a confiança em Deus, pois nada acontece por acaso na vida de um cristão. Deus se importa com cada detalhe. Não devemos ter medo.

Moisés serviu a Deus, e Deus fez promessas a ele, e assim como foi com Moisés, Deus faz promessas a nós que andamos em intimidade com Ele. Leia estes versículos e creia de todo o coração que estas palavras são para você também: **Êxodo 33,12b,14**: "'Conheço-te pelo teu nome' e: 'Tens todo o meu favor'. O Senhor respondeu: 'Minha face irá contigo e serei o teu guia'". Creia, Deus guia os seus passos, para isso ande em intimidade com Ele, sempre.

Para você que tem que falar em público e está com o coração temeroso, **Josué 10,25a** diz: "Não temais, nem tremais. Tende coragem e sede fortes". Deus sempre nos dá capacidade e força para que possamos desempenhar o nosso trabalho. Grave esse versículo e creia; é Deus falando contigo.

Para as vezes em que bater dúvidas no seu coração e na sua mente sobre a Palavra de Deus, eu recomendo que leia **Josué 21,45**: "Não falhou nenhuma de todas as boas palavras que o Senhor tinha dito a Israel. Todas se cumpriram". A palavra de Deus é viva, o que Ele falou com seus servos e profetas, muitas vezes, é endereçado a nós também. Creia, a Palavra de Deus é viva e eficaz. O Senhor fala conosco através das Escrituras.

Para você jovem que quer decidir coisas sobre o futuro, recomendo que leia o livro de Eclesiástico, é muito poderoso e cheio de sabedoria para nos dar orientações de vida. Mas aqui eu ressalto **Eclesiástico 16, 24-25a**: "Meu filho, ouve-me, adquire uma instrução sadia, torna o teu coração atento às minhas palavras. Eu te darei um ensino muito exato, vou tentar explicar-te o que é a sabedoria, torna o teu coração atento às minhas palavras".

É interessante ler nas Escrituras muitas admoestações (avisos) de Deus para nós, Ele quer nos salvar e nos orientar não só aqui nesta terra, mas para vivermos também a vida eterna. Neste breve versículo em **Eclesiástico 16,29**: "Não sejas incrédulo à palavra do Senhor", Deus quer nos ensinar que devemos crer no que tem nas Escrituras e viver conforme o que elas nos dizem. Ele é um pai amoroso e quer que sejamos felizes, que o obedeçamos.

Vivemos em sociedade, e não somos uma ilha, precisamos de amigos, e na Bíblia temos algumas coisas sobre amizade. Em **Eclesiástico 25,12-14** diz: "Feliz aquele que encontrou um amigo verdadeiro, e que fala da justiça a um ouvido atento. Como é grande aquele que encontrou sabedoria e ciência! Mas nada é tão grande como aquele que teme o Senhor: O temor a Deus coloca-o acima de tudo". O verdadeiro amigo é aquele que realmente teme a Deus, porque só pode ser amigo verdadeiro quem primeiro foi amado pelo Altíssimo.

Na Bíblia, tudo que é repetido é porque tem uma atenção especial do que Deus quer nos ensinar. **Isaías 40,8** diz: "A erva seca e a flor fenece, mas a palavra de nosso Deus permanece eternamente", e **São Mateus 24,35** diz: "O céu e a terra passarão, mas as minhas palavras não passarão". O que Deus quer nos ensinar é que tudo nesta vida passará: moda, filosofias, ideologias, mas a única coisa que não passará é o que a Palavra de Deus nos ensina, por isso precisamos lê-la e vivê-la.

Muitos de nós temos baixa autoestima, não acreditamos em nossas capacidades, mas se somos de Deus, a nossa capacidade não vem de nós. Olha o que São Paulo nos diz em **II Coríntios 3,5**: "Não que sejamos capazes por nós mesmos de ter algum pensamento, como de nós mesmos. Nossa capacidade vem de Deus". Sim, nossa capacidade para fazer as coisas é dom de Deus, Ele nos chama e nos capacita. Louvado seja Deus.

Para você que é assaltado com muitos maus pensamentos, leia **II Coríntios 10,4-5**: "Não são carnais as armas com que lutamos. São poderosas, em Deus, capazes de arrasar fortificações. Nós aniquilamos todo raciocínio e todo orgulho que se levanta contra o conhecimento de Deus, e cativamos todo pensamento e o reduzimos à obediência a Cristo". Devemos submeter todos os pensamentos que vêm à nossa mente ao senhorio de Jesus. Creia, e novos e bons pensamentos começarão a vir a você.

Quando você tenta fazer o certo e não consegue, e se sente fraco, lembre o que Deus falou a São Paulo em **II Coríntios 12,9-10**, quando acontecia isso com ele: "Mas ele me disse: 'Basta-te minha graça, porque é na fraqueza que se revela totalmente a minha força'. Portanto, prefiro gloriar-me das minhas fraquezas, para que habite em mim a força de Cristo. Eis por que sinto alegria nas fraquezas, nas afrontas, nas necessidades, nas perseguições, no profundo desgosto sofrido por amor de Cristo. Porque, quando me sinto fraco, então é que sou forte".

Muitas pessoas, por terem vivido uma vida longe de Deus e no pecado, não se perdoam, mas olha esta declaração de amor de Deus por nós em **Isaías 43,25**: "Sempre sou eu quem deve apagar tuas faltas, e não mais me lembrar de teus pecados". Confesse com um padre e creia que Deus apagou e perdoou totalmente o seu pecado.

Vós, que cremos e rezamos por nossa família, temos várias promessas de proteção e benção de Deus na Bíblia, mas uma dessas promessas está em **Isaías 44,3**: "Porque derramarei água sobre o solo sequioso, eu a farei correr sobre a terra árida, derramarei meu espírito sobre tua posteridade, e minha benção sobre teus rebentos".

Para você que se preocupa muito com o amanhã, leia todos os dias este poderoso versículo em **São Mateus 6,34**: "Não vos preocupeis, pois, com o dia de amanhã: o dia de amanhã terá as suas preocupações próprias. A cada dia basta o seu cuidado". Se realmente vivêssemos esse versículo, não teríamos ansiedades e medo do futuro, porque creríamos que Deus cuida de cada detalhe de nossa vida. Jesus, aumenta a nossa fé.

Você que vai começar um novo projeto ou está começando um novo ano em sua vida: a primeira coisa a ser feita é consagrar a Jesus esta nova etapa da vida. Olha o que a palavra de Deus diz em **Provérbios 16,3**: "Confia teus negócios ao Senhor e teus planos terão bom êxito".

Quando buscamos a Deus de todo o coração, Ele nos ouve e nunca nos abandona. Leia **Deuteronômio 4,29-31**: "Então procurarás o Senhor, teu Deus, e o encontrarás, contanto que o busques de todo o coração e de toda a tua alma. Porque o Senhor é um Deus misericordioso. Ele não te quer abandonar nem te extinguir, e não se esquecerá da aliança que jurou aos teus pais".

Sinto que estou carregando um grande fardo, o que devo fazer? Leia **São Mateus 11, 28-30**: "Vinde a mim, vós todos que estais aflitos sob o fardo, e eu vos aliviarei. Tomai meu jugo sobre vós e recebei minha doutrina, porque eu sou manso e humilde de coração e achareis o repouso para as vossas almas. Porque meu jugo é suave e meu peso é leve". Entrega o seu fardo a Jesus, e verás a paz e a leveza que terás.

Uma das grandes graças que acontece em nossa vida é entender que todas as coisas, até as pequenas, interessam ao nosso Deus. Podemos contar tudo a Ele, podemos pedir ajuda em tudo, nada é banal para o Senhor. Olha o que Jesus disse aos seus discípulos em **São Mateus 10, 30-31**: "Até os cabelos de vossa cabeça estão todos contados. Não temais, pois! Bem mais que os pássaros valeis vós".

Deus tem um amor especial para com os oprimidos, Ele os protege de todo o mal. Leiamos em **Salmo 9,10**: "O Senhor torna-se refúgio para o oprimido, uma defesa oportuna para os tempos de perigo". Você que está sendo oprimido por algo ou alguém, creia, Deus está contigo, Ele o libertará de todo o mal.

Não se preocupe quando a tentação parecer maior do que você pode suportar, quando você reza e está com Deus, Ele promete libertação. Leia **I Coríntios 10,13**: "Não vos sobreveio tentação alguma que ultrapasse as forças humanas". Deus é fiel: não permitirá que sejais tentados além das vossas forças, mas com a tentação, ele vos dará os meios de suportá-la e sairdes dela.

Ser cristão não é viver sem aflições e dificuldades, o próprio Jesus nos alertou que teríamos problemas, mas também disse que com Ele venceremos. Leia **São João 16,33**: "Referi-vos essas coisas para que tenhais a paz em mim. No mundo haveis de ter aflições. Coragem! Eu venci o mundo".

Muitas pessoas dizem que cada um tem a sua verdade, que não tem uma verdade absoluta, mas não é isto que as Escrituras nos mostram, o próprio Jesus disse em **São João 17,17**: "Santifica-os pela verdade. A tua palavra é a verdade".
A Palavra de Deus é a verdade, imutável e que nunca passará, o que a Palavra diz que é certo sempre será certo, e o que a Palavra diz que é errado sempre será errado.

As redes sociais às vezes me levam a desejar o que não é certo, a estar com pessoas que não seguem Deus, porque parecem que são mais felizes, o que fazer? Leia **Provérbios 24,1**: "Não invejes os maus, nem desejes estar com eles".

No mundo atual, muitos colocam a fé em coisas: dinheiro, posses materiais, ou em pessoas, mas Deus nos diz em **Salmos 19,8**: "Uns põem sua força nos carros, outros, nos cavalos. Nós, porém, a temos em nome do Senhor, nosso Deus". Somos pessoas cristãs, e devemos colocar a nossa total esperança no Deus Todo Poderoso.

Em momentos de temores e dificuldades, deveríamos ler o **Salmo 22**, o Salmo do Bom Pastor, este Salmo nos acalma e nos faz ver que Deus nos conduz em todos os momentos. No Vale escuro, Ele está conosco, a bondade de Deus nos seguirá todos os dias de nossa vida. Que Promessa abençoada e poderosa para a nossa vida.

Certas coisas que nos acontecem durante o dia trazem aquele choro de sofrimento e de pedido de ajuda, mas quem tem a Deus, logo pela manhã, já acorda diferente, porque Ele vem para nos ajudar. Leia **Salmos 29,6b**: "Pela tarde vem o pranto, mas, de manhã, volta a alegria".

Tem momentos na vida que não podemos fazer nada para mudar as circunstâncias, porque não depende de nós, e é neste momento que temos que nos render e nos ofertar totalmente para Deus, deixar Deus ser Deus. Leia **Salmos 26,14**: "Espera no Senhor e sê forte! Fortifique-se o teu coração e espera no Senhor!".

Você precisa de direcionamento? No mundo de hoje, muitas pessoas precisam, pois estão perdidas e sem rumo. A Palavra de Deus nos diz em **Salmos 31,8**: "Vou te ensinar – dizeis –, vou te mostrar o caminho que deves seguir; vou te instruir, fitando em ti os meus olhos". Essas palavras são de Deus, é Ele, que através das Escrituras, vai nos mostrar o caminho, o que é certo e o que devemos fazer. Por isso a importância de se ler a Bíblia.

Minhas orações não são atendidas, por quê? Leia **Salmos 33,14-16**: "Guarda tua língua do mal, e teus lábios das palavras enganosas. Aparta-te do mal e faze o bem, busca a paz e vai ao seu encalço. Os olhos do Senhor estão voltados para os justos, e seus ouvidos atentos aos seus clamores". Muitas vezes não somos atendidos porque estamos em pecado e fazendo o que entristece a Deus. Faça uma boa confissão e recomece no caminho do bem. Deus te ama.

A Bíblia, no livro de Tobias e Eclesiástico, mostra como Deus vem socorrer os pobres, que a esmola é uma oração poderosa. Leia **Eclesiástico 4,1-4**: "Meu filho, não negues esmola ao pobre, nem dele desvies os olhos. Não desprezes o que tem fome, não irrites o pobre em sua indigência. Não aflijas o coração do infeliz, não recuses tua esmola àquele que está na miséria; não rejeites o pedido do aflito, não desvies o rosto do pobre".

Não deixe de dividir o que tens com os mais necessitados.

Eclesiástico 6 mostra como estar com um homem sábio e dar ouvido a sua sabedoria pode nos fazer bem. Nos **versículos 35 e 36** diz: "Permanece na companhia dos doutos anciãos, une-te de coração à sua sabedoria, a fim de que possa ouvir o que dizem de Deus e não te escapes suas louváveis máximas. Se vires um homem sensato, madruga para ir ter com ele, desgaste o teu pé o limiar de sua porta". Pode ser simplesmente ouvindo suas palestras ou lendo seus livros, mas persevere na sabedoria daqueles que falam e vivem Deus.

Quando vier dúvida do futuro, e do sofrimento que você ou alguém da sua família possa estar passando, leia **Apocalipse 21,3b-4**: "Habitará com eles e serão o seu povo, e Deus mesmo estará com eles. Enxugará toda lágrima de seus olhos e já não haverá morte, nem luto, nem grito, nem dor, porque passou a primeira condição". Somos peregrinos nesta terra, nosso lar definitivo é o céu.

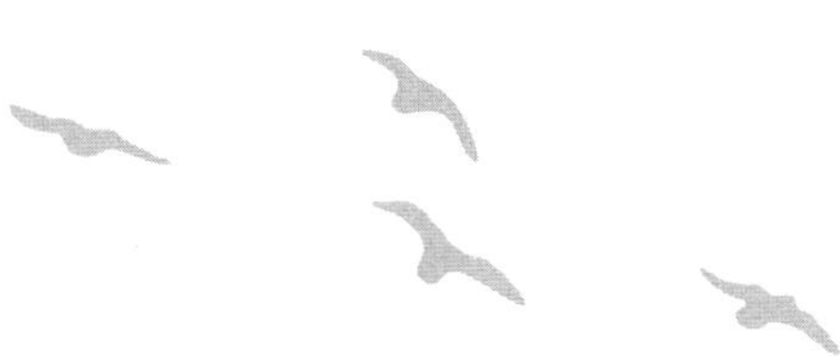

Quando estiver em dúvida do que escolher, leia **Deuteronômio 30,19-20b**: "ponho diante de ti a vida e a morte, a benção e a maldição. Escolhe, pois, a vida, para que vivas com a tua posteridade, amando o Senhor, teu Deus, obedecendo à sua voz e permanecendo unido a ele". Nunca escolha o errado, escolha de acordo com a Palavra de Deus, e você estará escolhendo o certo, o que te dá vida eterna.

Quando você estiver com medo de ir para um lugar novo, um novo emprego, uma nova fase da vida, leia **Deuteronômio 31,6**: "Coragem! E sede fortes. Nada vos atemorize, e não os temais, porque é o Senhor, vosso Deus, que marcha à vossa frente: ele não vos deixará nem vos abandonará". O Senhor Deus está sempre contigo.

Assim como se faz na Quarta-Feira de Cinzas, ocasião em que recebemos a imposição de cinzas em nossa fronte, simbolizando humildade, penitência e a lembrança da nossa fragilidade, em **Ezequiel 9,4-6**, Deus mandou marcar a fronte de todos os que não suportavam as abominações praticadas naquela época. E mandou poupar os que tinham o sinal da cruz. Nós somos salvos pela cruz de Cristo, temos o sinal eterno de que pertencemos a Jesus, por isso Deus nos protege em muitos acontecimentos. Creiamos no poder da Cruz de Cristo em nossa vida.

Não somos nós que vamos ao encontro de Deus, é Ele que vem ao nosso encontro e nos resgata dos lugares mais sombrios e escuros. E Ele fez esta promessa para cada um de nós em **Ezequiel 34,16**: "A ovelha perdida eu a procurarei; a desgarrada, eu a reconduzirei; a ferida, eu a curarei; a doente, eu a restabelecerei, e velarei sobre a que estiver gorda e vigorosa. Irei apascentá-las todas com justiça".

Muitas vezes você toma a dianteira e quer tentar arrumar sua vida com a tua força, mas há muitas coisas que não dependem de você, e nem você tem força para transformar algumas delas. Em situações assim, leia **Zacarias 4,6b**: "Não pelo poder, nem pela violência, mas sim pelo meu Espírito é que ele cumprirá a sua missão – oráculo do Senhor". Temos que entender que precisamos contar com a força do Espírito Santo, Ele é capaz de fazer tudo em nossa vida. Faça essa experiência.

Uma das coisas mais lindas na igreja é a acolhida, como é bom ser bem recebido, bem tratado e amado. Temos que acolher a todos, sem distinção, cada pessoa precisa sentir a misericórdia de Deus por ela. Porque Deus acolhe a todos. Ele pode não acolher o pecado, mas ele ama a todos. O próprio São Paulo nos diz isso em **Romanos 15,7**: "Por isso, acolhei-vos uns aos outros, como Cristo nos acolheu para a glória de Deus". Que possamos ser pontes e não muros.

Como viver no mundo de hoje obedecendo a Palavra de Deus? Um dos ensinamentos de São Paulo que nós cristãos precisamos escutar e obedecer está em **Romanos 13,13-14**: "Comportemo-nos honestamente, como em pleno dia: nada de orgias, nada de bebedeiras; nada de desonestidades nem dissoluções; nada de contendas, nada de ciúmes. Ao contrário, revesti-vos do Senhor Jesus Cristo e não façais caso da carne nem lhe satisfaçais aos apetites".

A sociedade atual ensina a vingança, que devemos pagar na mesma moeda o que nos fizeram, mas esse pensamento é do Antigo Testamento, dente por dente, olho por olho. Somos cristãos, e por isso devemos seguir os ensinamentos de Jesus, e São Paulo nos ensina em **Romanos 12, 17,19a**: "Não pagueis a ninguém o mal com o mal. Aplicai-vos a fazer o bem diante e todos os homens. Se for possível, quanto depender de vós, vivei em paz com todos os homens. Não vos vingueis uns dos outros".

Você é imagem e semelhança de Deus, então o jeito que você é, o respeito que tem pelo seu corpo, pela sua vida, é agradável a Deus. Ele nos diz que somos templos Dele. Leia **I Coríntios 3,16-17**: "Não sabeis que sois o Templo de Deus, e que o Espírito de Deus habita em vós? Se alguém destruir o Templo de Deus, Deus o destruirá. Porque o templo de Deus é sagrado – e isso sóis vós".
Você é uma terra santa, um filho, uma filha de Deus.

Uma definição de fé que encontramos na Bíblia está em **II Coríntios 4,18**: "Porque não miramos as coisas que se veem, mas sim as que não se veem. Pois as coisas que se veem são temporais e as que não veem são eternas". Quando em alto-mar, não é possível enxergar o cais. E do cais não é possível enxergar o navio em águas profundas, pois o olhar não alcança tais distâncias. Mas isso não significa que os navios não estejam lá. Assim é com as coisas de Deus. Neste momento, não podemos ver pelos olhos da carne, mas somente vemos pelos olhos da fé. A fé nos dá esta graça. Nossa fé é real.

Tudo o que fazemos, desde o nosso trabalho, nossa família e até o nosso lazer, nós, cristãos, fazemos para a Glória de Deus. Não é algo egoísta, mas Deus nos fez para Ele. Leia **Efésios 1,13c-14**: "Fostes selados com o Espírito Santo que fora prometido, que é o penhor da nossa herança, enquanto esperamos a completa redenção daqueles que Deus adquiriu para o louvor da sua glória".

Não podemos nos apegar a este mundo. A sociedade tenta nos mostrar através de vídeos como se ter uma vida longa. Mas o que é viver 110 anos aqui? Nossa vida foi feita para a eternidade. Leia **Colossenses 3,1-2**: "Se, portanto, ressuscitastes com Cristo, buscai as coisas lá do alto, onde Cristo está sentado à direita de Deus. Afeiçoai-vos às coisas lá de cima e não às da terra".

Precisando de encorajamento? Em **Atos dos Apóstolos 15,31** se diz: "À sua leitura, todos se alegraram com o estímulo que ela trazia". Aqui, Lucas colocou o que as cartas de São Paulo faziam às pessoas: davam coragem para os cristãos prosseguirem. Quer coragem, leia as Escrituras, e você terá a força para prosseguir no caminho da fé.

Ouvir e cantar músicas de Deus pode nos ajudar em muitos momentos da vida. A Bíblia mostra que dois discípulos de Jesus cantavam hinos a Deus, e o chão tremeu. Louvores abalam o mundo. Leia **Atos dos Apóstolos 16,25-26a**: "Pela meia-noite, Paulo e Silas rezavam e cantavam um hino a Deus, e os prisioneiros os escutavam. Subitamente, sentiu-se um terremoto tão grande que se abalaram até os fundamentos do cárcere".

Vemos nas competições esportivas todo o empenho dos atletas para ganhar um prêmio terreno. A nossa fé é uma luta também, mas para ganhar um tesouro no céu. Leia **I Coríntios 9,24-26**: "Nas corridas de um estádio, todos correm, mas bem sabeis que um só recebe o prêmio. Correi, pois, de tal maneira que o consigais. Todos os atletas se impõem a si muitas privações; e os fazem para alcançar uma coroa corruptível. Nós o fazemos por uma coroa incorruptível. Assim, eu corro, mas não sem rumo certo. Dou golpes, mas não no ar".

Deus sempre mostrou nas Escrituras que aquele que semeia colherá. Ele também fala que aquele que dá com alegria sempre terá o necessário para si e para todo o tipo de boa obra. Deus é um Deus que provê. Seja generoso, e não falo aqui só de dinheiro, mas de gentileza, de bondade, invista o seu tempo para escutar o outro, e você verá bençãos de Deus na sua vida. Leia **II Coríntios 9,6-11**.

Este é um dos versículos mais poderosos das Escrituras, quando São Paulo diz em **Gálatas 2,20a**: "Eu vivo, mas já não sou eu; é Cristo que vive em mim". Que possamos, a cada novo dia, ver essa transformação em nossa vida e constatar que é Jesus que vive em nós, e sua presença faz toda a diferença.

Tem um versículo que é muito usado pelos cristãos e que nos dá força nos momentos difíceis. **Filipenses 4,13**: "Tudo posso naquele que me conforta". E isso é verdade, podemos tudo no poder do Espírito Santo, com a ajuda de Deus, por isso creia, tenha fé e persevere.

E para terminar, nestes trinta anos de ministério sacerdotal, eu aprendi o poder da gratidão, e um versículo dito por São Paulo me ajuda a entender que aceitar as coisas que acontecem com um olhar grato, mesmo as não tão boas, nos dão leveza. **Filipenses 4,11b**: "Aprendi a contentar-me com o que tenho". Como é bom ser feliz com o que temos, isso nos imuniza da inveja e da cobiça. Num mundo que vive de aparência, vivamos da essência de Deus.

Acreditamos nos livros

Este livro foi composto em ClassicoURW
e impresso pela Lis Gráfica para a Editora
Planeta do Brasil em janeiro de 2026.